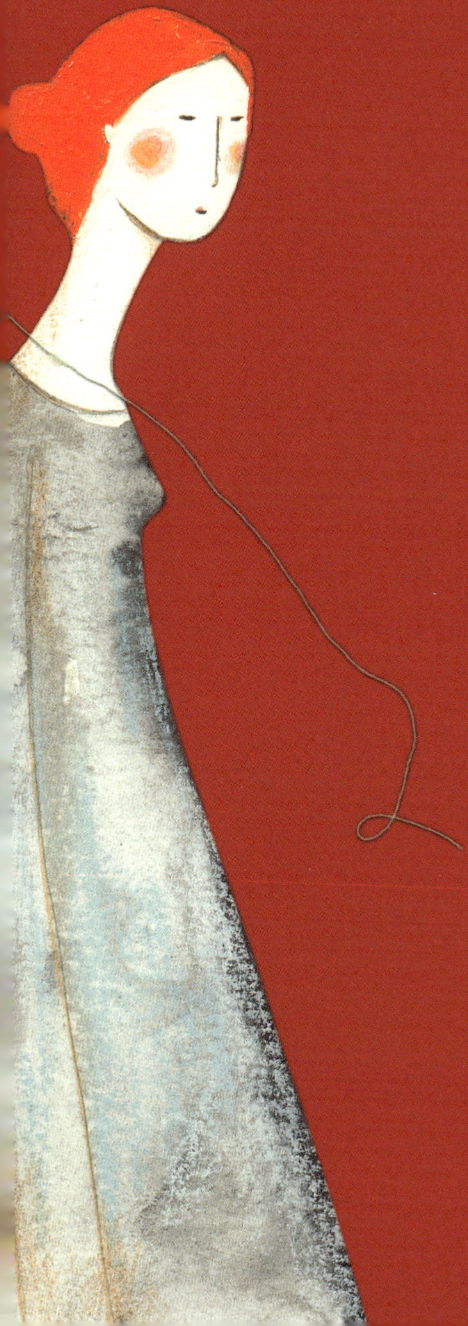

Caminos y cantares
(Antología)

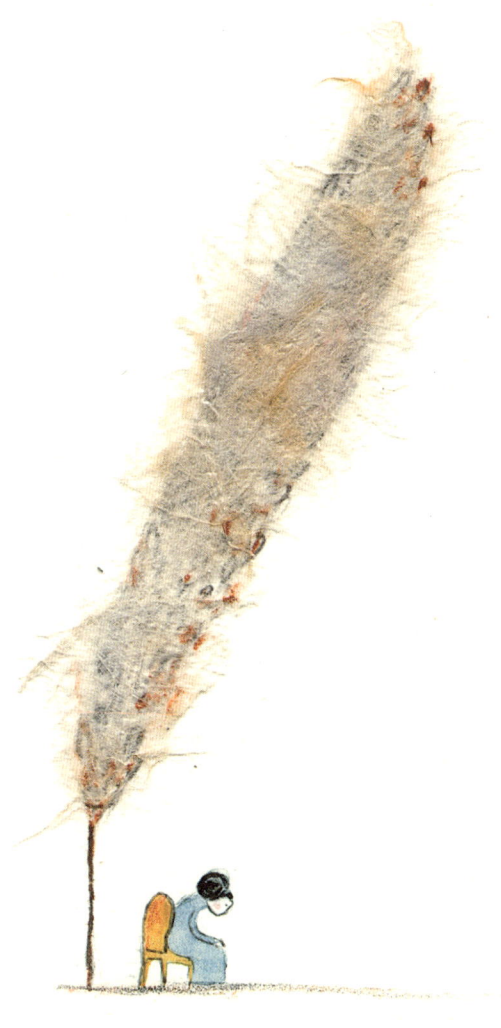

1.ª edición, 3.ª impresión: febrero 2024

© Herederos de Antonio y Manuel Machado, C.B.
© De la adaptación: Antonio Rodríguez Almodóvar
© De las ilustraciones: Patricia Metola
© De esta edición: Grupo Editorial Luis Vives, 2008

Edelvives Talleres Gráficos. Certificado ISO 9001
Impreso en Zaragoza, España

ISBN: 978-84-263-6826-3
Depósito legal: Z 3353-2008

Todos los derechos reservados. Cualquier forma de reproducción, distribución, comunicación pública
o transformación de esta obra solo puede ser realizada con la autorización de sus titulares, salvo
excepción prevista por la ley. Diríjase a CEDRO (Centro Español de Derechos Reprográficos) si necesita
fotocopiar o escanear algún fragmento de esta obra (www.conlicencia.com; 91 702 19 70 / 93 272 04 47).

Caminos y cantares
(Antología)

Manuel Machado
Antonio Machado

selección, introducción y notas
Antonio Rodríguez Almodóvar

ilustraciones
Patricia Metola

EDELVIVES

Nota previa

Esta antología de los hermanos Machado persigue enseñar a las nuevas generaciones a valorar dos modos diversos de hacer poesía a partir de materiales comunes; entre ellos, la educación que ambos recibieron en un mismo ambiente intelectual, el de la familia Machado de Sevilla, ejemplo de liberalismo ilustrado, respetuoso con lo popular y atento a las corrientes filosóficas más avanzadas de su tiempo. En ese contexto se forjó un mismo amor a España que las circunstancias y las convicciones de cada uno convirtieron en dos maneras distintas.

Mas, por encima de eso, queda el valor de la poesía, que cultivaron con brillantez, aunque con estilos y propósitos diferentes. Ello se advierte sólo con comparar poemas que tratan de un mismo asunto, y que, con toda intención, Antonio Rodríguez Almodóvar ha seleccionado para esta antología; así, el tema de Caín y Abel, el de la saeta, o el de la guitarra. Bastará una lectura atenta de esos poemas para apreciar el rico contraste de dos maneras de hacer poesía y, cómo no, de ver el mundo.

N. de la E.

Apunte biográfico de los hermanos Machado

Manuel y Antonio Machado nacen en Sevilla. El primero, el 29 de agosto de 1874; el segundo, casi un año después, el 26 de julio de 1875. Los hermanos murieron, sin embargo, a gran distancia uno de otro, tanto en el tiempo como en el espacio, y también en las circunstancias. El mayor, Manuel, en Madrid, el 19 de enero de 1947, instalado incómodamente en el Régimen de la dictadura franquista. El menor, un desapacible 22 de febrero de 1939, en Collioure, Francia, en el exilio al que le condujeron sus ideas y su ética insobornable.

Descendían de una familia ilustrada y de carácter liberal. El abuelo, Antonio Machado Núñez, fue rector de la Universidad de Sevilla y también sufrió persecución por sus ideas. Su padre fue el respetado folclorista Antonio Machado y Álvarez. En 1883, la familia se traslada a Madrid. Hasta 1889 los hermanos estudian en la Institución Libre de Enseñanza, donde forjan su espíritu independiente y crítico.

En 1899 los Machado viajan a París y conocen movimientos literarios que les influirán de por vida: Parnasianismo, Simbolismo y Modernismo. Se relacionan con el gran poeta nicaragüense Rubén Darío, cuya amistad será decisiva. En 1900, de vuelta en Madrid, colaboran en la revista *Electra*. Llega, además, la primera edición de *Alma,* de Manuel. Dos años más tarde ya frecuentan el trato con Juan Ramón Jiménez, Premio Nobel de Literatura en 1959.

En 1903 aparece el primer libro de Antonio, *Soledades*. En 1907, Antonio se traslada a Soria, como profesor de Instituto. Allí conoce a Leonor, con quien se casa en 1909. Ese año Manuel publica *El mal poema*. Es la primera vez que los hermanos se separan. Un año más tarde Manuel se casa con Eulalia Cáceres y en 1911 publica *Apolo*.

El matrimonio de Antonio y Leonor (él tiene 34 años, ella 16) viaja a París. La joven esposa enferma de hemoptisis. Morirá en Soria el 1 de agosto de 1912. El profesor pide traslado a Baeza, en Andalucía, donde redescubre sus raíces. Para entonces, el hermano mayor ha publicado *Cante jondo* y el menor *Campos de Castilla*.

En 1919, Antonio Machado se traslada como profesor a Segovia. La cercanía de Madrid le hace recuperar la vida literaria de la capital. Colabora en *Indice, El Imparcial* y *Revista de Occidente*. En 1921 Manuel publica *Ars Moriendi*. Tres años más tarde, en 1924, aparecen las *Nuevas Canciones* de Antonio. Ambos son ya escritores respetados, pero su línea poética se ha ido separando. Manuel, más abocado a la modernidad, practica el decadentismo y la elegancia formal. Antonio no deja de refrescar las raíces clásicas y románticas con un simbolismo depurado y filosófico. La veta popular que ambos conocieron de niños se hace copla en Manuel y aforismo en Antonio.

Fruto de la hermandad poética de formación, surgen las obras teatrales escritas por ambos. Entre 1924 y 1932 llegarán a escribir siete obras para la escena, la mayoría con éxito, y de modo particular *La Lola se va a los Puertos*.

En 1924, Antonio había empezado a escribir unos apuntes en prosa sobre problemas literarios bajo el título de *Los complementarios,* que no se conocerían hasta 1972. En 1927 es nombrado académico, aunque nunca llegó a tomar posesión de su asiento. Un año después conoce a Pilar de Valderrama, la *Guiomar* que le hace sentir un nuevo amor. En 1931 se traslada a Madrid y se une a la Agrupación al Sevicio de la República. En 1934 empieza a publicar *Juan de Mairena.* Con el tiempo, este libro de indagación moral y crítica a los convencionalismos se convertiría en un hito del pensamiento heterodoxo español. El melancólico profesor de pueblo se ha convertido en un fustigador del conformismo.

La Guerra Civil sorprende a los hermanos en distintos lugares. A Manuel en Burgos, donde ha ido a visitar a una monja, hermana de su mujer. Antonio acompaña al Gobierno de la República hasta Valencia y se convierte en firme baluarte de su causa. A Valencia va con su madre y su hermano José. En 1938, el avance de las fuerzas de Franco hace imposible resistir en Valencia y la familia es evacuada a Barcelona. En 1939, emprenden el camino del exilio a Francia. La madre está enferma y él cansado y avejentado. El 22 de febrero muere en Collioure. Tres días después fallece su madre.

Antonio Rodríguez Almodóvar

Poemas de Antonio Machado

De *Soledades* (1903)

Este primer libro de Antonio Machado se publicó en 1903. Incluye poemas escritos entre 1899 y 1902. Pero en la última edición de las Poesías Completas que preparó el autor, la de 1936, alarga los años de creación hasta 1907. Con sus cuarenta y dos composiciones, el poeta pretendió marcar su propio acento, separándose de la moda modernista, cuyo principal referente era Rubén Darío (al que, por otra parte, admiraba el sevillano y con el que tuvo una estrecha amistad). En sus propias palabras: «Pensaba yo que el elemento poético no era la palabra por su valor fónico, ni el color, ni la línea, ni un complejo de sensaciones, sino una honda palpitación del espíritu; lo que pone el alma, si es que algo pone».

El poema número 12 de esta selección pertenece a un grupo de poesías sueltas, dentro de «Poesías de la guerra», escritas entre 1936 y 1939.

1

El viajero

He andado muchos caminos,
he abierto muchas veredas;
he navegado en cien mares,
y atracado en cien riberas.

En todas partes he visto
caravanas de tristeza,
soberbios y melancólicos
borrachos de sombra negra,

y pedantones al paño
que miran, callan, y piensan
que saben, porque no beben
el vino de las tabernas.

Caminos y cantares

Mala gente que camina
y va apestando la tierra...

Y en todas partes he visto
gentes que danzan o juegan,
cuando pueden, y laboran
sus cuatro palmos de tierra.

Nunca, si llegan a un sitio,
preguntan a dónde llegan.
Cuando caminan, cabalgan
a lomos de mula vieja,

y no conocen la prisa
ni aun en los días de fiesta.
Donde hay vino, beben vino;
donde no hay vino, agua fresca.

Son buenas gentes que viven,
laboran, pasan y sueñan,
y en un día como tantos,
descansan bajo la tierra.

2

Recuerdo infantil

Una tarde parda y fría
de invierno. Los colegiales
estudian. Monotonía
de lluvia tras los cristales.

Es la clase. En un cartel
se representa a Caín
fugitivo, y muerto Abel,
junto a una mancha carmín.

Con timbre sonoro y hueco
truena el maestro, un anciano
mal vestido, enjuto y seco,
que lleva un libro en la mano.

Y todo un coro infantil
va cantando la lección;
mil veces ciento, cien mil,
mil veces mil, un millón.

Una tarde parda y fría
de invierno. Los colegiales
estudian. Monotonía
de la lluvia en los cristales.

3
Yo escucho los cantos...

Yo escucho los cantos
de viejas cadencias
que los niños cantan
cuando en corro juegan,
y vierten en coro
sus almas, que suenan,
cual vierten sus aguas
las fuentes de piedra:
con monotonías
de risas eternas
que no son alegres,
con lágrimas viejas
que no son amargas
y dicen tristezas,
tristezas de amores
de antiguas leyendas.

En los labios niños,
las canciones llevan
confusa la historia
y clara la pena;
como clara el agua
lleva su conseja
de viejos amores
que nunca se cuentan.

Jugando, a la sombra
de una plaza vieja,
los niños cantaban...

La fuente de piedra
vertía su eterno
cristal de leyenda.

Cantaban los niños
canciones ingenuas,
de un algo que pasa
y que nunca llega:
la historia confusa
y clara la pena.

Seguía su cuento
la fuente serena;
borrada la historia,
contaba la pena.

4

El sol es un globo de fuego...

El sol es un globo de fuego,
la luna es disco morado.

Una blanca paloma se posa
en el alto ciprés centenario.

Los cuadros de mirtos parecen
de marchito velludo empolvado.

¡El jardín y la tarde tranquila!...
Suena el agua en la fuente de mármol.

5

Abril florecía...

Abril florecía
frente a mi ventana.
Entre los jazmines
y las rosas blancas
de un balcón florido,
vi las dos hermanas.
La menor cosía,
la mayor hilaba...
Entre los jazmines
y las rosas blancas,
la más pequeñita,
risueña y rosada
—su aguja en el aire—,
miró a mi ventana.

La mayor seguía
silenciosa y pálida,
el huso en su rueca
que el lino enroscaba.
Abril florecía
frente a mi ventana.

Una clara tarde
la mayor lloraba,
entre los jazmines
y las rosas blancas,
y ante el blanco lino
que en su rueca hilaba.
—¿Qué tienes —le dije—
silenciosa pálida?
Señaló el vestido
que empezó la hermana.
En la negra túnica
la aguja brillaba;
sobre el velo blanco,
el dedal de plata.
Señaló a la tarde
de abril que soñaba,
mientras que se oía
tañer de campanas.
Y en la clara tarde
me enseñó sus lágrimas…
Abril florecía
frente a mi ventana.

Fue otro abril alegre
y otra tarde plácida.
El balcón florido
solitario estaba...
Ni la pequeñita
risueña y rosada,
ni la hermana triste,
silenciosa y pálida,
ni la negra túnica,
ni la toca blanca...
Tan sólo en el huso
el lino giraba
por mano invisible,
y en la oscura sala
la luna del limpio
espejo brillaba...
Entre los jazmines
y las rosas blancas
del balcón florido,
me miré en la clara
luna del espejo
que lejos soñaba...
Abril florecía
frente a mi ventana.

6

Las moscas

Vosotras, las familiares,
inevitables golosas,
vosotras, moscas vulgares,
me evocáis todas las cosas.

¡Oh, viejas moscas voraces
como abejas en abril,
viejas moscas pertinaces
sobre mi calva infantil!

¡Moscas del primer hastío
en el salón familiar,
las claras tardes de estío
en que yo empecé a soñar!

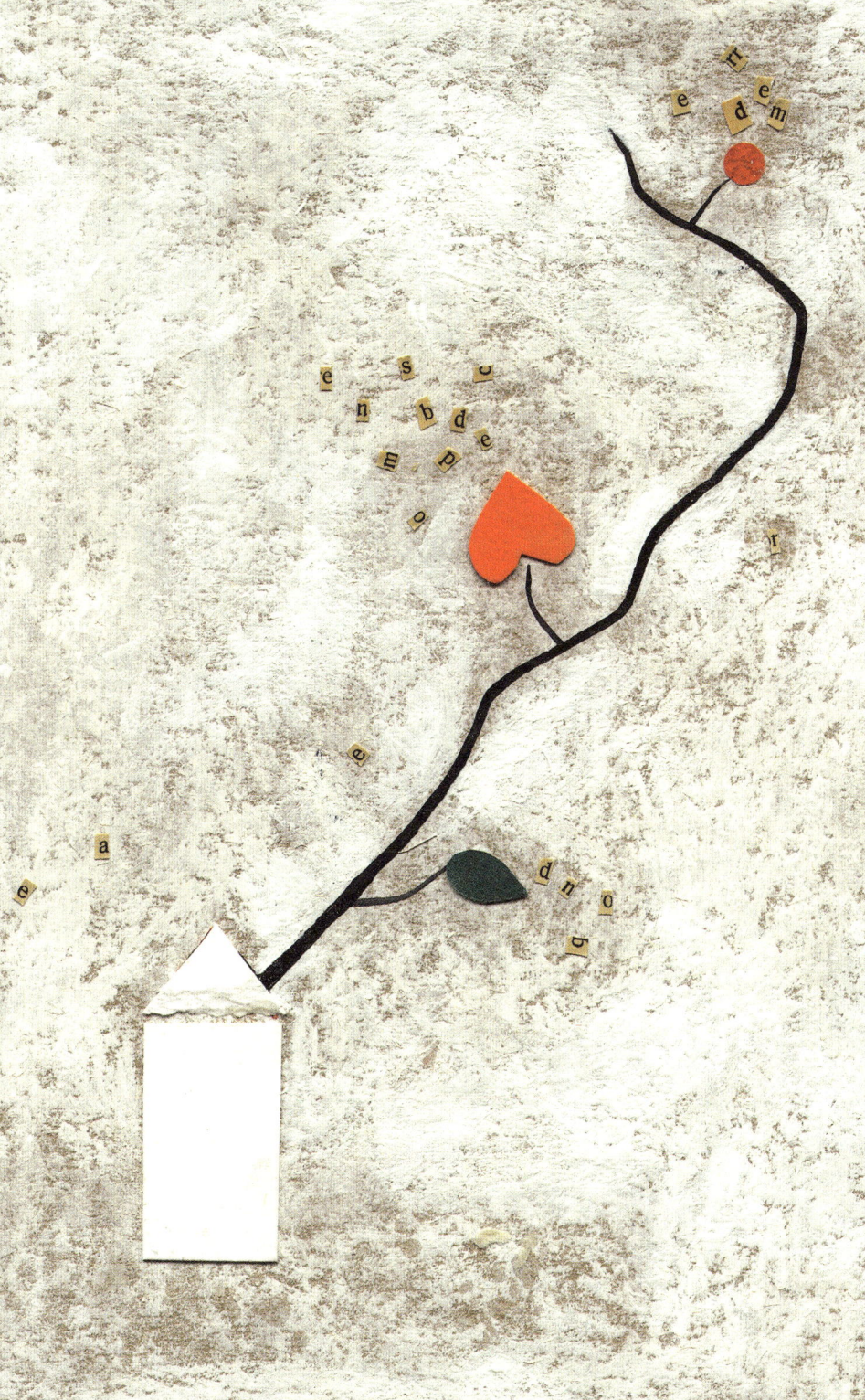

Y en la aborrecida escuela,
raudas moscas divertidas,
perseguidas
por amor de lo que vuela

—que todo es volar—, sonoras
rebotando en los cristales
en los días otoñales...
Moscas de todas las horas,

de infancia y adolescencia,
de mi juventud dorada;
de esta segunda inocencia,
que da en no creer en nada,

de siempre... Moscas vulgares,
que de puro familiares
no tendréis digno cantor:
yo sé que os habéis posado

sobre el juguete encantado,
sobre el librote cerrado,
sobre la carta de amor,
sobre los párpados yertos
de los muertos.

Inevitables golosas,
que ni labráis como abejas,
ni brilláis cual mariposas;
pequeñitas, revoltosas,
vosotras, amigas viejas,
me evocáis todas las cosas.

7
Anoche cuando dormía...

Anoche cuando dormía
soñé, ¡bendita ilusión!,
que una fontana fluía
dentro de mi corazón.
Di, ¿por qué acequia escondida,
agua, vienes hasta mí,
manantial de nueva vida
de donde nunca bebí?
Anoche cuando dormía
soñé, ¡bendita ilusión!,
que una colmena tenía
dentro de mi corazón;
y las doradas abejas
iban fabricando en él,
con las amarguras viejas,

blanca cera y dulce miel.
Anoche cuando dormía
soñé, ¡bendita ilusión!,
que un ardiente sol lucía
dentro de mi corazón.
Era ardiente porque daba
calores de rojo hogar,
y era sol porque alumbraba
y porque hacía llorar.
Anoche cuando dormía
soñé, ¡bendita ilusión!,
que era Dios lo que tenía
dentro de mi corazón.

8

Sueño infantil

Una clara noche
de fiesta y de luna,
noche de mis sueños,
noche de alegría

—era luz mi alma
que hoy es bruma toda,
no eran mis cabellos
negros todavía—,

el hada más joven
me llevó en sus brazos
a la alegre fiesta
que en la plaza ardía.

So el chisporroteo
de las luminarias,
amor sus madejas
de danzas tejía.

Y en aquella noche
de fiesta y de luna,
noche de mis sueños,
noche de alegría,

el hada más joven
besaba mi frente...
con su linda mano
su adiós me decía...

Todos los rosales
daban sus aromas,
todos los amores
amor entreabría.

Los sueños

El hada más hermosa ha sonreído
al ver la lumbre de una estrella pálida,
que en hilo suave, blanco y silencioso
se enrosca al huso de su rubia hermana.

Y vuelve a sonreír porque en su rueca
el hilo de los campos se enmaraña.
Tras la tenue cortina de la alcoba
está el jardín envuelto en luz dorada.

La cuna, casi en sombra. El niño duerme.
Dos hadas laboriosas lo acompañan,
hilando de los sueños los sutiles
copos en ruecas de marfil y plata.

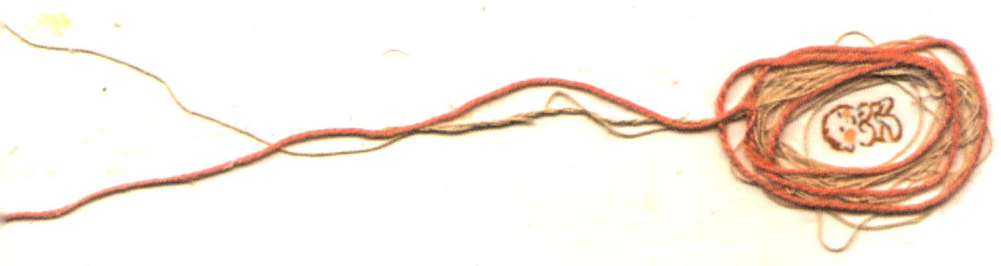

10

Guitarra del mesón
que hoy suenas jota...

Guitarra del mesón que hoy suenas jota,
mañana petenera,
según quien llega y tañe
las empolvadas cuerdas.

Guitarra del mesón de los caminos,
no fuiste nunca, ni serás, poeta.

Tú eres alma que dice su armonía
solitaria a las almas pasajeras...

Y siempre que te escucha el caminante
sueña escuchar un aire de su tierra.

11

Pegasos, lindos pegasos...

Tournez, tournez, chevaux de bois*
P. Verlaine

Pegasos, lindos pegasos,
caballitos de madera.

....

Yo conocí siendo niño,
la alegría de dar vueltas
sobre un corcel colorado,
en una noche de fiesta.
En el aire polvoriento
chispeaban las candelas,
y la noche azul ardía
toda sembrada de estrellas.

---

* «Girad, girad, caballos de cartón».

¡Alegrías infantiles
que cuestan una moneda
de cobre, lindos pegasos,
caballitos de madera!

12

El poeta recuerda

¡Ya su perfil zancudo en el regato,
en el azul el cielo de ballesta,
o, sobre el ancho nido de ginesta,
en torre, torre y torre, el garabato

de la cigüeña!... En la memoria mía
tu recuerdo a traición ha florecido;
y hoy comienza tu campo empedernido
el sueño verde de la tierra fría.

Soria pura, entre montes de violeta.
Di tú, avión marcial, si el alto Duero
adonde vas, recuerda a su poeta

al revivir su rojo Romancero;
¿o es, otra vez, Caín, sobre el planeta,
bajo tus alas, moscardón guerrero?

Proverbios y cantares, sátiras y epigramas

En diversos libros suyos, Antonio Machado abrió sección a lo que pueden considerarse poemas aforísticos, composiciones breves de carácter filosófico, escritos con gran agudeza y originalidad.

En esta primera selección de tales composiciones, los cuatro primeros pertenecen a *Campos de Castilla* (1912-1917), y los siguientes a *Nuevas Canciones* (1917-1930), con la excepción del penúltimo («Que tu pedestal...»), que apareció entre los manuscritos del poeta editados por la Fundación Unicaja en 2005.

13

**Proverbios y cantares,
sátiras y epigramas
(selección)**

Adivina lo que quiero
decir con lo que te digo.
Te doy la madeja,
saca tú el ovillo.

*

Del pretérito imperfecto
salió el romance en Castilla.

*

Hora del último sol.
La damita de mis sueños
se asoma a mi corazón.

*

«¿Qué es amor?», me preguntaba
una niña. Contesté:
«Verte una vez y pensar
haberte visto otra vez».

*

Han tomado sus medidas
Sócrates y el Cristo ya:
el corazón y la mente
un mismo radio tendrán.

*

Se abrasó en la llama
de una velita de cera
la mariposilla blanca.

*

La fuente y las cuatro
acacias en flor
de la plazoleta.
Ya no quema el sol.
¡Tardecita alegre!
Canta, ruiseñor.
Es la misma hora

de mi corazón.
Por la calle arriba
—sombrero y bastón—
allá va don Diego
a buscar amor.

*

Dice el burgués: Al pobre
la caridad, y gracias.
¿Justicia? No; justicias,
para guardar mi casa.

*

Que tu pedestal
sea la tierra de todos.
Mayor no lo encontrarás.

*

Desde Sevilla a Sanlúcar,
desde Sanlúcar al mar,
en una barca de plata
con los remos de coral;
donde vayas, marinero,
contigo me has de llevar.

De *Campos de Castilla* (1912)

Seguramente el más célebre de los libros de Antonio Machado, apareció en 1912, aunque sucesivas ediciones y refundiciones alargan la fecha hasta 1917, esto es, después de su regreso a Andalucía, en Baeza. Con todo, el núcleo del libro es esencialmente castellano. Con palabras del propio poeta: «Cinco años en la tierra de Soria, hoy para mí sagrada —allí me casé; allí perdí a mi esposa, a quien adoraba—, orientaron mis ojos y mi corazón hacia lo esencial castellano».

14

Proverbios y cantares

De diez cabezas, nueve
embisten y una piensa.
Nunca extrañéis que un bruto
se descuerne luchando por la idea.

15

Retrato

Mi infancia son recuerdos de un patio de Sevilla,
y un huerto claro donde madura el limonero;
mi juventud, veinte años en tierras de Castilla;
mi historia, algunos casos que recordar no quiero.

Ni un seductor Mañara*, ni un Bradomín** he sido
—ya conocéis mi torpe aliño indumentario—,
mas recibí la flecha que me asignó Cupido,
y amé cuanto ellas puedan tener de hospitalario.

Hay en mis venas gotas de sangre jacobina,
pero mi verso brota de manantial sereno;
y, más que un hombre al uso que sabe su doctrina,
soy, en el buen sentido de la palabra, bueno.

Adoro la hermosura, y en la moderna estética
corté las viejas rosas del huerto de Ronsard***;
mas no amo los afeites de la actual cosmética,
ni soy un ave de esas del nuevo gay-trinar.

---

* Miguel Mañara. Hidalgo sevillano del siglo XVI. Seductor y arrogante, inspiró al dramaturgo José Zorrilla la figura de don Juan Tenorio.
** Protagonista de las *Sonatas* de Ramón del Valle-Inclán. El escritor lo definía como un nuevo donjuán «feo, católico y sentimental».
*** Pierre de Ronsard. Poeta francés del siglo XVI, autor de versos de corte amoroso.

Desdeño las romanzas de los tenores huecos
y el coro de los grillos que cantan a la luna.
A distinguir me paro las voces de los ecos,
y escucho solamente, entre las voces, una.

¿Soy clásico o romántico? No sé. Dejar quisiera
mi verso, como deja el capitán su espada:
famosa por la mano viril que la blandiera,
no por el docto oficio del forjador preciada.

Converso con el hombre que siempre va conmigo
—quien habla solo espera hablar a Dios un día—;
mi soliloquio es plática con ese buen amigo
que me enseñó el secreto de la filantropía.

Y al cabo, nada os debo; debéisme cuanto he escrito.
A mi trabajo acudo, con mi dinero pago
el traje que me cubre y la mansión que habito,
el pan que me alimenta y el lecho en donde yago.

Y cuando llegue el día del último viaje,
y esté al partir la nave que nunca ha de tornar,
me encontraréis a bordo ligero de equipaje,
casi desnudo, como los hijos de la mar.

16

¿Eres tú, Guadarrama, viejo amigo...

¿Eres tú, Guadarrama, viejo amigo,
la sierra gris y blanca,
la sierra de mis tardes madrileñas
que yo veía en el azul pintada?
Por tus barrancos hondos
y por tus cumbres agrias,
mil Guadarramas y mil soles vienen,
cabalgando conmigo, a tus entrañas.

Camino de Balsaín, 1911.

17

El tren

Yo, para todo viaje
—siempre sobre la madera
de mi vagón de tercera—,
voy ligero de equipaje.
Si es de noche, porque no
acostumbro a dormir yo,
y de día, por mirar
los arbolitos pasar,
yo nunca duermo en el tren,
y, sin embargo, voy bien.
¡Este placer de alejarse!
Londres, Madrid, Ponferrada,
tan lindos... para marcharse.
Lo molesto es la llegada.
Luego, el tren, al caminar,
siempre nos hace soñar;

y casi, casi olvidamos
el jamelgo que montamos.
¡Oh, el pollino
que sabe bien el camino!
¿Dónde estamos?
¿Dónde todos nos bajamos?
¡Frente a mí va una monjita
tan bonita!
Tiene esa expresión serena
que a la pena
da una esperanza infinita.
Y yo pienso: Tú eres buena;
porque diste tus amores
a Jesús; porque no quieres
ser madre de pecadores.
Mas tú eres
maternal,
bendita entre las mujeres,
madrecita virginal.
Algo en tu rostro es divino
bajo tus cofias de lino.
Tus mejillas
—esas rosas amarillas—
fueron rosadas, y, luego,
ardió en tus entrañas fuego;
y hoy, esposa de la Cruz,
ya eres luz, y sólo luz...
¡Todas las mujeres bellas

fueran, como tú, doncellas
en un convento a encerrarse!...
¡Y la niña que yo quiero,
ay, preferirá casarse
con un mocito barbero!
El tren camina y camina,
y la máquina resuella,
y tose con tos ferina.
¡Vamos en una centella!

Pascua de Resurrección

Mirad: el arco de la vida traza
el iris sobre el campo que verdea.
Buscad vuestros amores, doncellitas,
donde brota la fuente de la piedra.
En donde el agua ríe y sueña y pasa,
allí el romance del amor se cuenta.
¿No han de mirar un día, en vuestros brazos,
atónitos, el sol de primavera,
ojos que vienen a la luz cerrados,
y que al partirse de la vida ciegan?
¿No beberán un día en vuestros senos
los que mañana labrarán la tierra?
¡Oh, celebrad este domingo claro,
madrecitas en flor, vuestras entrañas nuevas!.
Gozad esta sonrisa de vuestra ruda madre.
Ya sus hermosos nidos habitan las cigüeñas,
y escriben en las torres sus blancos garabatos.

Como esmeraldas lucen los musgos de las peñas.
Entre los robles muerden
los negros toros la menuda hierba,
y el pastor que apacienta los merinos
su pardo sayo en la montaña deja.

19

Campos de Soria

He vuelto a ver los álamos dorados,
álamos del camino en la ribera
del Duero, entre San Polo y San Saturio,
tras las murallas viejas
de Soria —barbacana
hacia Aragón, en castellana tierra—.

Estos chopos del río, que acompañan
con el sonido de sus hojas secas
el son del agua, cuando el viento sopla,
tienen en sus cortezas
grabadas iniciales que son nombres
de enamorados, cifras que son fechas.

¡Álamos del amor que ayer tuvisteis
de ruiseñores vuestras ramas llenas;
álamos que seréis mañana liras
del viento perfumado en primavera;
álamos del amor cerca del agua
que corre y pasa y sueña,
álamos de las márgenes del Duero,
conmigo vais, mi corazón os lleva!

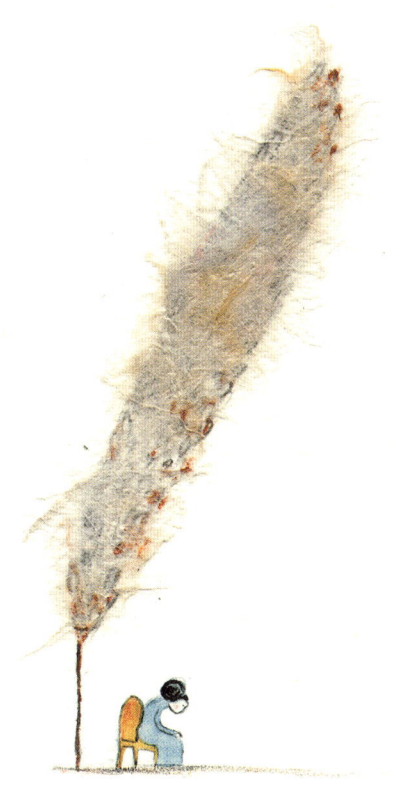

20

La saeta

¡Oh, la saeta, el cantar
al Cristo de los gitanos,
siempre con sangre en las manos,
siempre por desenclavar!
¡Cantar del pueblo andaluz,
que todas las primaveras
anda pidiendo escaleras
para subir a la cruz!
¡Cantar de la tierra mía,
que echa flores
al Jesús de la agonía,
y es la fe de mis mayores!
¡Oh, no eres tú mi cantar!
¡No puedo cantar, ni quiero
a ese Jesús del madero,
sino al que anduvo en el mar!

21

Llanto de las virtudes y coplas por la muerte de don Guido

Al fin, una pulmonía
mató a don Guido, y están
las campanas todo el día
doblando por él: ¡din-dan!
Murió don Guido, un señor
de mozo muy jaranero,
muy galán y algo torero;
de viejo, gran rezador.
Dicen que tuvo un serrallo
este señor de Sevilla;
que era diestro
en manejar el caballo
y un maestro
en refrescar manzanilla.
Cuando mermó su riqueza,
era su monomanía

pensar que pensar debía
en asentar la cabeza.
Y asentóla
de una manera española,
que fue casarse con una
doncella de gran fortuna;
y repintar sus blasones,
hablar de las tradiciones
de su casa,
escándalos y amoríos
poner tasa,
sordina a sus desvaríos.
Gran pagano,
se hizo hermano
de una santa cofradía;
el Jueves Santo salía,
llevando un cirio en la mano
—¡aquel trueno!—,
vestido de nazareno.
Hoy nos dice la campana
que han de llevarse mañana
al buen don Guido, muy serio,
camino del cementerio.
Buen don Guido, ya eres ido
y para siempre jamás...
Alguien dirá: ¿Qué dejaste?
Yo pregunto: ¿Qué llevaste
al mundo donde hoy estás?

¿Tu amor a los alamares*
y a las sedas y a los oros,
y a la sangre de los toros
y al humo de los altares?
Buen don Guido y equipaje,
¡buen viaje!...
El acá
y el allá,
caballero,
se ve en tu rostro marchito,
lo infinito:
cero, cero.
¡Oh las enjutas mejillas,
amarillas,
y los párpados de cera,
y la fina calavera
en la almohada del lecho!
¡Oh fin de una aristocracia!
La barba canosa y lacia
sobre el pecho;
metido en tosco sayal,
las yertas manos en cruz,
¡tan formal!
el caballero andaluz.

---

* Adorno de uniformes y vestidos creado con una cinta o cordón cerrados en lazo.

De *Nuevas canciones*

Apareció este libro en 1924, con poemas que arrancan de 1917. De nuevo se conjugan aquí lo andaluz y lo castellano. En él hay también otro conjunto de «Proverbios y Cantares», al que pertenecen muchos de los aforismos más célebres y comentados de Antonio Machado, así como un importante grupo de sonetos, entre los cuales está el que evoca la figura del padre, enmarcada con gran cariño entre los recuerdos del patio del Palacio de las Dueñas de Sevilla.

22

Apuntes
(selección)

Sobre el olivar
se vio a la lechuza
volar y volar.
Campo, campo, campo.
Entre los olivos
los cortijos blancos.
Y la encina negra,
a medio camino
de Úbeda a Baeza.

*

Por un ventanal
entró la lechuza
en la catedral.
San Cristobalón

la quiso espantar,
al ver que bebía
del velón de aceite
de Santa María.
La Virgen habló:
Déjala que beba,
San Cristobalón.

23

Canciones de tierras altas
(selección)

Por la sierra blanca...
La nieve menuda
y el viento de cara.
Por entre los pinos...
con la blanca nieve
se borra el camino.
Recio viento sopla
de Urbión a Moncayo.
¡Páramos de Soria!

*

Ya habrá cigüeñas al sol,
mirando la tarde roja
entre Moncayo y Urbión.

*

Soria de Montes azules
y de yermos de violeta,
¡cuántas veces te he soñado
en esta florida vega
por donde se va,
entre naranjos de oro,
Guadalquivir a la mar!

24

Proverbios y cantares
(selección)

El ojo que ves no es
ojo porque tú lo veas;
es ojo porque te ve.

*

Para dialogar,
preguntar primero;
después... escuchar.

*

Entre el vivir y el soñar
hay una tercera cosa.
Adivínala.

*

Hoy es siempre todavía.

*

Busca a tu complementario,
que marcha siempre contigo
y suele ser tu contrario.

*

En mi soledad
he visto cosas muy claras,
que no son verdad.

*

Despacito y buena letra:
que el hacer las cosas bien
importa más que el hacerlas.

*

No es el yo fundamental
eso que busca el poeta,
sino el tú esencial.

*

Creí mi hogar apagado
y revolví la ceniza...
Me quemé la mano.

*

Poned atención:
un corazón solitario
no es un corazón.

25

Esta luz de Sevilla...

Esta luz de Sevilla... Es el palacio
donde nací, con su rumor de fuente.
Mi padre, en su despacho. —La alta frente,
la breve mosca, y el bigote lacio—.
Mi padre, aún joven. Lee, escribe, hojea
sus libros y medita. Se levanta;
va hacia la puerta del jardín. Pasea.
A veces habla solo, a veces canta.
Sus grandes ojos de mirar inquieto
ahora vagar parecen, sin objeto
donde puedan posar, en el vacío.
Ya escapan de su ayer a su mañana;
ya miran en el tiempo, ¡padre mío!,
piadosamente mi cabeza cana.

De *De un cancionero apócrifo* (1924-1936)

Desde muy temprano, Antonio Machado fue escribiendo una parte muy especial de su obra, que no se ha conocido completa hasta recientemente, en la que combinaba reflexiones filosóficas en prosa con poemas de muy diversa índole. En ella aparecerán algunos de los personajes creados por él, como Abel Martín y Juan de Mairena, a los que Machado suele atribuir esas composiciones. Tanto los personajes como los textos pasarán a denominarse «apócrifos», esto es, supuestos o fingidos. En conjunto, representan la aportación más sólida de Machado al pensamiento escéptico y heterodoxo español.

26

Primaveral

Nubes, sol, prado verde y caserío
en la loma revueltos. Primavera
puso en el aire de este campo frío
la gracia de sus chopos de ribera.
Los caminos del valle van al río
y allí, junto al agua, amor espera.
¿Por ti se ha puesto el campo ese atavío
de joven, oh invisible compañera?
¿Y ese perfume del hablar al viento?
¿Y esa primera blanca margarita?...
¿Tú me acompañas? En mi mano siento
doble latido; el corazón me grita,
que en las sienes me asorda el pensamiento:
eres tú quien florece y resucita.

27

Consejos, coplas, apuntes
(selección)

Calidoscopio infantil.
Una damita, al piano.
Do, re, mi.
Otra se pinta al espejo
los labios de colorín.

*

La plaza tiene una torre,
la torre tiene un balcón,
el balcón tiene una dama,
la dama una blanca flor.
Ha pasado un caballero

*

—¡quién sabe por qué pasó!—,
y se ha llevado la plaza,
con su torre y su balcón,
con su balcón y su dama,
su dama y su blanca flor.

Poemas de Manuel Machado

De *Alma* (1900)

Éste, que sigue siendo uno de los libros más difundidos y conocidos de Manuel Machado, apareció en 1907 con el título de *Alma, Museo y los cantares.* Llevaba un prólogo de Miguel de Unamuno y la portada era del pintor cubista Juan Gris. Por ambas aportaciones parecía ya destinado a ser lo que el tiempo ha ido confirmando: una muestra variada y representativa del complejo diapasón estilístico del mayor de los dos hermanos, desde la sensualidad romántica típica del modernismo, a los temas y formas más característicos de la preocupación por el ser de España (que adelanta, con el poema «Castilla», el que será uno de los tópicos de la Generación del 98), así como la temática andaluza.

28

Adelfos

A Miguel de Unamuno*

Yo soy como las gentes que a mi tierra vinieron
—soy de la raza mora, vieja amiga del Sol—,
que todo lo ganaron y todo lo perdieron.
Tengo el alma de nardo del árabe español.

Mi voluntad se ha muerto una noche de luna
en que era muy hermoso no pensar ni querer...
Mi ideal es tenderme, sin ilusión ninguna...
De cuando en cuando, un beso y un nombre de mujer.

En mi alma, hermana de la tarde, no hay contornos...;
y la rosa simbólica de mi única pasión
es una flor que nace en tierras ignoradas
y que no tiene aroma, ni forma, ni color.

* Escritor y filósofo, miembro de la Generación del 98.

Besos ¡pero no darlos! Gloria... ¡la que me deben!
¡Que todo como un aura se venga para mí!
¡Que las olas me traigan y las olas me lleven,
y que jamás me obliguen el camino a elegir!

¡Ambición! No la tengo. ¡Amor! No lo he sentido.
No ardí nunca en un fuego de fe ni gratitud.
Un vago afán de arte tuve... Ya lo he perdido.
Ni el vicio me seduce ni adoro la virtud.

De mi alta aristocracia dudar jamás se pudo.
No se ganan, se heredan, elegancia y blasón...
Pero el lema de casa, el mote del escudo,
es una nube vaga que eclipsa un vano sol.

Nada os pido. Ni os amo ni os odio. Con dejarme,
lo que hago por vosotros, hacer podéis por mí...
¡Que la vida se tome la pena de matarme,
ya que yo no me tomo la pena de vivir!...

Mi voluntad se ha muerto una noche de luna
en que era muy hermoso no pensar ni querer...
De cuando en cuando un beso, sin ilusión ninguna.
¡El beso generoso que no he de devolver!

París, 1899

29

El jardín gris

A Francisco Villaespesa*

¡Jardín sin jardinero!
¡Viejo jardín,
viejo jardín sin alma,
jardín muerto! Tus árboles
no agita el viento. En el estanque, el agua
yace podrida. ¡Ni una onda! El pájaro
no se posa en tus ramas.
La verdinegra sombra
de tus hiedras contrasta
con la triste blancura
de tus veredas áridas...

---

* Poeta, novelista y dramaturgo, representante del Modernismo.

¡Jardín, jardín! ¿Qué tienes?
¡Tu soledad es tanta,
que no deja poesía a tu tristeza!
¡Llegando a ti, se muere la mirada!
Cementerio sin tumbas...
Ni una voz, ni recuerdos, ni esperanza.
¡Jardín sin jardinero!
¡Viejo jardín,
 viejo jardín sin alma!

30

Otoño

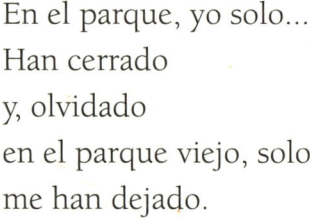

En el parque, yo solo...
Han cerrado
y, olvidado
en el parque viejo, solo
me han dejado.

La hoja seca,
vagamente,
indolente,
roza el suelo...
Nada sé,
nada quiero,
nada espero.
Nada...

Solo
en el parque me han dejado
olvidado,
... y han cerrado.

31

Oasis

Sueña el león.
Junto a las tres palmeras
se amansa el sol. Existe
el agua. Y Dios deja un momento
que los pobres camellos se arrodillen...

Junto a las tres palmeras,
el árabe, tendido, al fin, sonríe
y suspira... Damasco
lejos aún le aguarda. Los confines
del horizonte brillan encendidos.
Un silencio terrible
llena el aire... En la arena
tiembla la sombra elástica de un tigre.

Cantares

Vino, sentimiento, guitarra y poesía,
hacen los cantares de la patria mía...
Cantares...
Quien dice cantares, dice Andalucía.

A la sombra fresca de la vieja parra,
un mozo moreno rasguea la guitarra...
Cantares...
Algo que acaricia y algo que desgarra.

La prima que canta y el bordón que llora...
Y el tiempo callado se va hora tras hora.
Cantares...
Son dejos fatales de la raza mora.

Caminos y cantares

No importa la vida, que ya está perdida.
Y, después de todo, ¿qué es eso, la vida?...

Cantares...
Cantando la pena, la pena se olvida.

Madre, pena, suerte; pena, madre, muerte;
ojos negros, negros, y negra la suerte.
Cantares...
En ellos, el alma del alma se vierte.

Cantares. Cantares de la patria mía...
Cantares son sólo los de Andalucía.
Cantares...
No tiene más notas la guitarra mía.

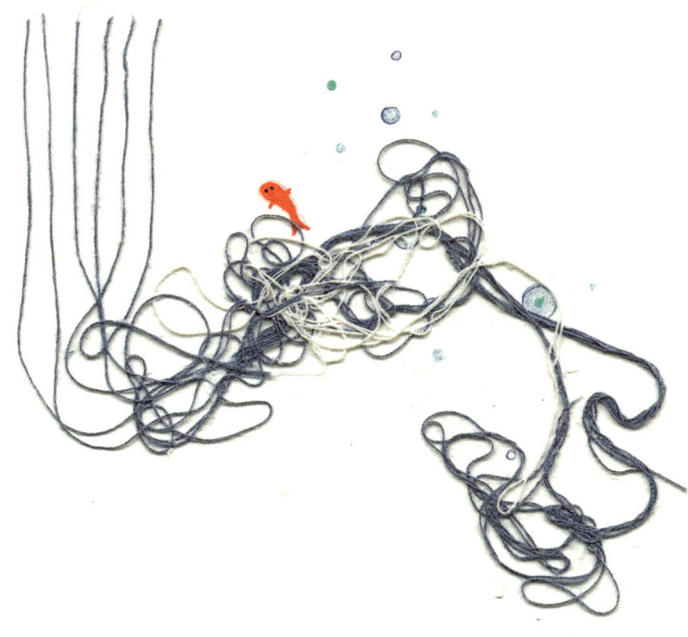

Castilla

A Manuel Reina*. Gran poeta

El ciego sol se estrella
en las duras aristas de las armas,
llaga de luz los petos y espaldares
y flamea en las puntas de las lanzas.

El ciego sol, la sed y la fatiga.
Por la terrible estepa castellana,
al destierro, con doce de los suyos,
—polvo, sudor y hierro— el Cid** cabalga.

Cerrado está el mesón a piedra y lodo...
Nadie responde. Al pomo de la espada
y al cuento de las picas, el postigo
va a ceder... ¡Quema el sol, el aire abrasa!

---

* Político, periodista y poeta, precursor del Modernismo en España.
** Alude al *Cantar de Mio Cid,* cantar de gesta anónimo (finales del siglo XII) en el que se relatan las hazañas del caballero Rodrigo Díaz de Vivar.

A los terribles golpes,
de eco ronco, una voz pura, de plata
y de cristal, responde... Hay una niña
muy débil y muy blanca,
en el umbral. Es toda
ojos azules; y en los ojos, lágrimas.
Oro pálido nimba
su carita curiosa y asustada.

«¡Buen Cid! Pasad... El rey nos dará muerte,
arruinará la casa
y sembrará de sal el pobre campo
que mi padre trabaja...
Idos. El Cielo os colme de venturas...
En nuestro mal, ioh Cid!, no ganáis nada».

Calla la niña y llora sin gemido...
Un sollozo infantil cruza la escuadra
de feroces guerreros,
y una voz inflexible grita: «¡En marcha!»

El ciego sol, la sed y la fatiga.
Por la terrible estepa castellana,
al destierro, con doce de los suyos
—polvo, sudor y hierro—, el Cid cabalga.

34

Gerineldos, el paje

Del color del lirio tiene Gerineldos*
dos grandes ojeras;
del color del lirio, que dicen locuras
de amor de la reina.

Al llegar la tarde,
pobre pajecillo,
con labios de rosa,
con ojos de idilio;
al llegar la noche,
junto a los macizos
de arrayanes, vaga,
cerca del castillo.

---

* Protagonista de numerosos romances «viejos», anteriores al siglo XVI.

Cerca del castillo,
vagar vagamente
la reina le ha visto.
De sedas cubierto,
sin armas al cinto,
con alma de nardo,
con talle de lirio.

35

Wagner

Un reloj que no sé dónde está da la una
—corazón de la noche—, hora solemne y vaga
en que la luz penúltima de la Tierra se apaga,
para dejar la luz última, que es la Luna.

Es la hora del príncipe que marcha peregrino
a sacar del encanto la encantada princesa,
mientras forjan escudo mágico a la alta empresa
el gnomo de los sueños y el hada del destino.

El silencio y la sombra se abrazan: han cesado
el cantar de la fuente y el suspirar del viento.
Tiene en redor la Luna de ensueños un anillo.

Las ondinas y náyades despiertan. Ha llegado
el momento precioso en que el héroe del cuento
mata al dragón que guarda la puerta del castillo.

36

Figulinas

A Jacinto Benavente*

¡Qué bonita es la princesa!
¡Qué traviesa!
¡Qué bonita!
¡La princesa pequeñita
de los cuadros de Watteau!

¡Yo la miro, yo la admiro,
yo la adoro!
Si suspira, yo suspiro;
si ella llora, también lloro;
si ella ríe, río yo.

Cuando alegre la contemplo,
como ahora, me sonríe...

---

* Escritor y dramaturgo, Premio Nobel de Literatura en 1922.

Y otras veces su mirada
en los aires se deslíe,
pensativa...

¡Si parece que está viva
la princesa de Watteau!

Al pasar la vista hiere,
elegante,
y ha de amarla quien la viere.

... Yo adivino en su semblante
que ella goza, goza y quiere,
vive y ama, sufre y muere...
¡Como yo!

37

Copo de nieve

Colombina llora,
Colombina ríe,
Colombina quiere
morir, y no sabe
por qué...

Pierrot, todo blanco,
de hinojos la implora,
la besa y le pide
perdón, y no sabe
de qué...

La Luna sonríe,
la señora Luna...
Y nadie ha sabido,
ni sabrá, ni sabe
por qué...

De *Apolo* (1911)

Este libro apareció en 1911, y marca un cierto contraste con el anterior, al menos en cuanto a la motivación (glosar cuadros y pintores de fama universal); no así por la forma, que sigue buscando el efecto sonoro, la sensación, más que la idea. Un rasgo que seguirá marcando la diferencia con la poesía del hermano.

38

Beato Angélico
(La Anunciación)

La campanada blanca de maitines
al seráfico artista ha despertado,
y, al ponerse a pintar, tiene a su lado
un coro de rosados querubines.

Y ellos le enseñan cómo se ilumina
la frente, y las mejillas ideales
de María, los ojos virginales,
la mano transparente y ambarina.

Y el candor le presentan de sus alas
para que copie su infantil blancura
en las alas del ángel celestial,

que, ataviado de perlinas galas,
fecunda el seno de la Virgen pura,
como el rayo del sol por el cristal.

39

Leonardo da Vinci

(La Gioconda)

Florencia —flor de música y aroma—,
patria del gran Leonardo, inenarrable
madre de lo sutil y lo inefable...
Florencia del león y la paloma.

Mona Lisa sonríe, Madona Elisa
mira pasar los siglos sonriente.
Y nosotros también eternamente
llevamos en el alma su sonrisa.

Sonríe la Giocconda... ¿Qué armonía,
qué paisaje de ensueño la extasía?
¿Por dónde vaga su mirar velado?...

¿Qué palabra fatal suena en su oído?...
¿Qué amores desentierra del olvido?...
¿Qué secreto magnífico ha escuchado?...

40

El Greco

(El caballero de la mano en el pecho)

Este desconocido es un cristiano
de serio porte y negra vestidura,
donde brilla no más la empuñadura,
de su admirable estoque toledano.

Severa faz de palidez de lirio
surge de la golilla escarolada,
por la luz interior, iluminada,
de un macilento y religioso cirio.

Aunque sólo de Dios temores sabe,
porque el vitando* hervor no le apasione
del mundano placer perecedero,

en un gesto piadoso, y noble, y grave,
la mano abierta sobre el pecho pone,
como una disciplina, el caballero.

---

* Aquello que se debe evitar.

Goya

(Los fusilamientos de la Moncloa)

Él lo vio... Noche negra, luz de infierno...
Hedor de sangre y pólvora, gemidos...
Unos brazos abiertos, extendidos
en ese gesto de dolor eterno.

Una farola en tierra casi alumbra
con un halo amarillo que horripila
de los fusiles la uniforme fila,
monótona y brutal en la penumbra.

Maldiciones, quejidos... Un instante
primero que la voz de mando suene,
un fraile muestra el implacable cielo.

Y en convulso montón agonizante,
a medio rematar, por tandas viene
la eterna carne de cañón al suelo.

Otros poemas

Reunimos en este último apartado poemas de un intenso sabor andaluz, pertenecientes unos a *Cante hondo* (1912), que tienen mayor relación con el flamenco, otros a la fiesta de los toros (*La fiesta nacional,* 1906). Entre los primeros figura el famoso «Cualquiera canta un cantar», que expresa lo más profundo de la inclinación popular del poeta, aprendida en los estudios folclóricos de su padre. El grupo va precedido del poema «Abel», del libro *Caprichos* (1905), y culmina con el celebérrimo «Canto a Andalucía», que apareció por primera vez en libro en *Phoenix. Nuevas canciones* (Madrid, 1936). Curiosamente, el impresor fue Manuel Altolaguirre, el gran poeta malagueño, que también sufrió las consecuencias del exilio tras la guerra civil.

42

Confetti

Aquella noche, Pierrot
se bebió un rayo de luna
y se emborrachó.

Y, no pudiendo contar
las estrellas a la bruma,
se puso a llorar.

Se puso a llorar Pierrot.
Y aún lloraba el sinfortuna
cuando amaneció.
... Y pudo contarlas: Una.

43

Abel

El campo y el crepúsculo. Una hoguera,
cuyo humo lentamente al cielo sube.
En la pálida esfera
no hay una sola nube.

La tristeza infinita
efluye de la humilde
hierba del suelo. Invita
a llorar el rumor de la arboleda...

Se va el día, y se queda
la tristeza infinita.
Junto de la corriente,
desnudo y muerto, yace
Abel... Y la primera
sangre vertida seca el sol poniente.

El humo al cielo sube,
callado, de la hoguera...
Y baja como un duelo soberano
la noche a la pradera...
«¡Caín! ¡Caín! ¿Qué has hecho de tu hermano?».

44

Nocturno madrileño

De un cantar canalla
tengo el alma llena,
de un cantar con notas monótonas, tristes
de horror y vergüenza.

De un cantar que habla
de vicio y de anemia,
de sangre y de engaño, de miedo y de infamia,
¡y siempre de penas!

De un cantar que dice
mentiras perversas...
De pálidas caras, de labios pintados
y enormes ojeras.

De un cantar gitano,
que dice las rejas
de los calabozos y las puñaladas,
y los ayes lúgubres de las malagueñas.

De un cantar veneno,
como flor de adelfa.

De un cantar de crimen,
de vino y miseria,
oscuro y malsano...
cuyo son recuerda
esa horrible cosa que cruza de noche
las calles desiertas.

Cante hondo

A todos nos han cantado
en una noche de juerga
coplas que nos han matado...

Corazón, calla tu pena;
a todos nos han cantado
en una noche de juerga.

Malagueñas, soleares
y seguiriyas gitanas...
Historias de mis pesares
y de tus horitas malas.

Malagueñas, soleares
y seguiriyas gitanas...

Es el saber popular,
que encierra todo el saber:
que es saber sufrir, amar,
morirse y aborrecer.

Es el saber popular,
que encierra todo el saber.

46

Elogio de la solear

Canto de soleares,
hondo cantar del corazón,
hondo cantar.
Reina de los cantares.
Madre del canto popular.
Llora tu son,
copla sin par.
Y en mi vacío corazón
se oye sonar
el de profundis del bordón...
Llora, cantar.

Soleares
(selección)

Hermanita y compañera,
la de los ojillos negros
y la carita morena...

Tú eras buena y eras mala,
pero, como te quería,
toíto te lo pasaba...
Toíto te lo pasaba...
Y ahora, como no te quiero,
se acabó lo que se daba.
No te quiero decir na...
No quiero que se te ponga
la carita colorá.
Se te olvidaron, serrana,
las cositas que decías
y los suspiros que dabas.

Allá cuando Dios quería,
una carita de gloria
se juntaba con la mía.

Cuando te encuentro en la calle,
el corazón por la boca
de fatiga se me sale.

Yo me agarro a las paredes
cuando te encuentro en la calle,
chiquilla, pa no caerme.

Tonto es el que mira atrás...
mientras hay camino alante,
el caso es andar y andar.

Toíto es hasta acostumbrarse.
Cariño le toma el preso
a las rejas de la cárcel.

Ya te lo decía yo
que aquello se acabaría,
serrana, como acabó.

La veredita es la misma...
pero el queré es cuesta abajo,
y el olvidar, cuesta arriba.

Penitas sufro crueles
de aquellas que no se dicen
y son las que más se sienten.

Yo te quiero sin querer;
que te he tomaíto el cariño
cuando menos lo pensé.

Yo voy de penita en pena,
como el agua por el monte
saltando de peña en peña.

Me va faltando el sentío.
Cuando estoy alegre, lloro;
cuando estoy triste, me río.

Solear de las morenas....
que tienen cositas malas
y tienen cositas buenas.

Es mi nena tan bonita
que hasta el sol, cuando la ve,
amarillea de envidia.

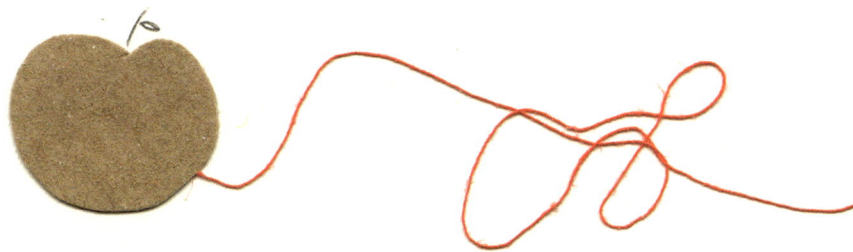

No eres morena ni rubia.
No eres fea ni bonita;
me gustas porque me gustas.

Tengo un querer y una pena.
La pena quiere que viva;
el querer quiere que muera.

Al cielo no miro yo,
porque me miro en tus ojos
que son del mismo color.

Aunque amanezca nublado,
yo tengo sol y alegría
con tu carita a mi lado.

El andar de mi morena
parece que va sembrando
lirios, palmas y azucenas.

Considera, compañero,
que en el mundo hay bueno y malo...
Pero más malo que bueno.

¿De qué me sirve dejarte,
si dondequiera que miro
te me pones por delante?

En mis sueños te llamaba...
Como no me respondías,
llorando me despertaba.

Tus cabellos me prendieron.
Tus ojos me condenaron,
y tus labios me absolvieron.

Tú eres la estrella del Norte,
la primerita que sale,
la última que se esconde.

Unos ojos negros vi...
Desde entonces en el mundo
todo es negro para mí.

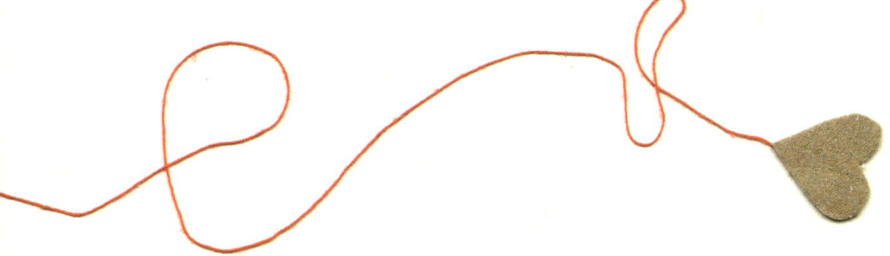

48

Malagueñas

Yo pensaba haber cogido
la naranja y el azahar...
Con hacer leña del tronco
me tuve que contentar.

Las penas que tú me das
son penas y no son penas,
que tienes cositas malas
y tienes cositas buenas.

Si te quise, no lo sé;
si me quisiste, tampoco...
Pues borrón y cuenta nueva:
yo con otra, y tú con otro.

A la orillita del río
me pongo a considerar:
mis penas son como el agua,
que no acaba de pasar.

No sólo canta el que canta,
que también canta el que llora...
No hay penita ni alegría
que se quede sin su copla.

Desde la una a la una,
desde las dos a las dos,
son las veinticuatro horas,
que te estoy queriendo yo.

Bendita sea mi tierra.
Bendita sea Sevilla.
Sevilla tiene a Triana.
Triana tiene a mi niña.

Con toíto lo que puede
el Señor del Gran Poder,
me dijo que no podía
curarme de tu querer.

A mi mare, en la agonía,
le juré no verte más...
Si cumplo mi juramento
la vía me va a costar.

49

Alegrías
(sevillanas, serranas, etc.)

El crujir de la falda
de tu vestido
es el toque de gloria
de mis sentidos:
vista, gusto y olfato,
tacto y oído.

Serranilla del alma,
cuando me acuesto,
con tu nombre en los labios
me voy durmiendo.
Y es lo más grande
que lo tengo en los labios
al despertarme.

Eres bonita y mala
como la adelfa,
que da gusto a los ojos,
pero envenena.
Aunque yo tengo,
contra veneno tanto,
contraveneno.

No tengo más espejo
que tus ojitos.
Y según tú me miras,
así me miro.
Y así me veo,
unas veces, tan guapo,
y otras, tan feo.

El reló del cariño
tiene una máquina
que adelanta unas veces
y otras atrasa.
Y es fuerte cosa
que no hay un relojero
que la componga.

En cuestiones de amores
saben los sabios
que un clavo solamente
saca otro clavo.
Y un amor viejo
solamente se cura
con otro nuevo.

Tienes los ojos grandes;
el talle, esbelto;
la carita, de almendra,
y el pie, pequeño.
Finos los labios,
y muy bonito todo
lo que me callo.

Dicen que las ojeras
llenan tu cara,
y no es más que la sombra
de tus pestañas.

Una fiesta se hace
con tres personas:
uno baila, otro canta
y el otro toca.
Ya me olvidaba
de los que dicen «¡Ole!»,
y tocan palmas.

Polos y cañas

En tu cariño pensando,
en vela pasaba el día...
Y por la noche, soñando,
soñando que no dormía.
Tu querer me va matando.

¿Sabes lo que estás haciendo?
Me pones cerca la cara
y me rozas con el pelo.
Esta flamenquilla mala
no sabe lo que está haciendo.

Dame, pa mi guardapelo,
de tu cabello un ricito.
No te pido tu retrato,
que ése lo llevo conmigo,
en mi corazón grabado.

Cuando me siento a tu vera,
al reló que se parara
y al tiempo que no corriera
le digo, sentrañas mías,
cuando me siento a tu vera,

No hay penilla ni alegría
que se quede sin cantar.
Y por eso hay más cantares
que gotas de agua en el mar
y arena en los arenales.

Con lo rojo de tus labios
y lo negro de tus ojos
paso yo más desazones
que el bendito San Antonio,
aquel de las tentaciones.

Mi corazón me pediste.
No te lo pude negar.
Me lo quieres devolver.
Yo no lo quiero tomar.
¿Qué vamos a hacer con él?

Dice la guitarra

Hablo, sollozo, deliro...
Sé de la risa y el llanto.
Con las bocas rojas, canto.
Con los ojos negros, miro.
Con los amantes suspiro
y río con los guasones.
Son mis notas goterones
de agua fresca en el rosal...
Y tengo toda la sal
de España en mis lagrimones.

La guitarra habla

Mis cuerdas, cual humanos nervios tensas,
un grito de dolor y un ay amante,
y de ternuras un tesoro, inmensas,
como en un corazón guardan vibrante.

Llovidas entre exóticas canciones
que hablan de Suerte y Pena, Amor y Muerte,
son mis notas calientes lagrimones
de sangre roja que mi pecho vierte.

Lágrimas, ayes, gritos sensuales,
deliquios lujuriosos entre aromas,
suspiro violador, arrullo blando...

brotan de mí en magníficos raudales,
mientras las coplas van, como palomas,
de corazón en corazón volando.

La saeta

I

«Míralo por dónde viene
el mejor de los nacidos...».

Una calle de Sevilla
entre rezos y suspiros...
Largas trompetas de plata.
Túnicas de seda... Cirios,
en hormiguero de estrellas,
festoneando el camino...

El azahar y el incienso
embriagan los sentidos.
Ventana que da a la noche
se ilumina de improviso,
y en ella una voz —¡saeta!—
canta o llora, que es lo mismo:

«Míralo por dónde viene
el mejor de los nacidos...».

II

Canto llano... Sentimiento
que sin guitarra se canta.
Maravilla
que por acompañamiento
tiene..., la Semana Santa
de Sevilla

Cantar de nuestros cantares,
llanto y oración. Cantar,
salmo y trino.
Entre efluvios de azahares
tan humano y, a la par,
¡tan divino!

Canción del pueblo andaluz:
... de cómo las golondrinas
le quitaban las espinas
al Rey del Cielo en la Cruz.

54

Cualquiera canta un cantar

Hasta que el pueblo las canta,
las coplas coplas no son,
y cuando las canta el pueblo,
ya nadie sabe el autor.

Tal es la gloria, Guillén,
de los que escriben cantares:
oír decir a la gente
que no los ha escrito nadie.

Procura tú que tus coplas
vayan al pueblo a parar,
aunque dejen de ser tuyas
para ser de los demás.

Que al fundir el corazón
en el alma popular,
lo que se pierde de nombre
se gana de eternidad.

55

La fiesta nacional
(selección)

Una nota de clarín
desgarrada,
penetrante,
rompe el aire con vibrante
puñalada.

Ronco toque de timbal.
Salta el toro
en la arena. Bufa, ruge...
Roto cruje
un capote de percal.
Acomete rebramando,
derribando
a caballo y caballero.
Da principio el primero
espectáculo español.

La hermosa fiesta bravía
de terror y de alegría
de este viejo pueblo fiero...
Oro, seda, sangre y sol.

En los vuelos del capote,
con el toro que va y viene,
juega, al estilo andaluz,
en una clásica suerte,
complicada con la muerte
y chorreada de luz...
Elegante
y valiente,
y con una seriedad
conveniente,
va burlando
la feroz acometida
y jugando
con la vida
ágilmente.

VII

El gran suspiro que es la tarde crece
como de un pecho inmenso. Palidece
el sol. Y, terminada
la fiesta de oro y rojo, a la mirada
queda sólo... un eco
de amarillo seco
y sangre cuajada.

Canto a Andalucía (1936)

Cádiz, salada claridad... Granada,
agua oculta que llora.
Romana y mora, Córdoba callada.
Málaga, cantaora.
Almería dorada...
Plateado Jaén... Huelva: la orilla
de las Tres Carabelas.
Y Sevilla.

Índice

Nota previa 9

Apunte biográfico de los hermanos Machado 11

Poemas de Antonio Machado

De *Soledades* (1903) 17
   1 El viajero 19
   2 Recuerdo infantil 22
   3 Yo escucho los cantos... 24
   4 El sol es un globo de fuego... 26
   5 Abril florecía... 28
   6 Las moscas 32
   7 Anoche cuando dormía... 36
   8 Sueño infantil 38
   9 Los sueños 40
  10 Guitarra del mesón que hoy suenas jota... 41
  11 Pegasos, lindos pegasos... 42
  12 El poeta recuerda 44

Proverbios y cantares, sátiras y epigramas 45
  13 Proverbios y cantares, sátiras y epigramas (selección) 47

De *Campos de Castilla* (1912) 51
   14 Proverbios y cantares 53
   15 Retrato 54
   16 ¿Eres tú, Guadarrama, viejo amigo... 56
   17 El tren 58
   18 Pascua de Resurrección 62
   19 Campos de Soria 64
   20 La saeta 66
   21 Llanto de las virtudes y coplas por la muerte
         de don Guido 67

De Nuevas canciones 71
   22 Apuntes (selección) 73
   23 Canciones de tierras altas (selección) 75
   24 Proverbios y cantares (selección) 77
   25 Esta luz de Sevilla 80

De *De un cancionero apócrifo* (1924-1936) 81
   26 Primaveral 83
   27 Consejos, coplas, apuntes (selección) 84

Poemas de Manuel Machado

De *Alma* (1900) 89
   28 Adelfos 91
   29 El jardín gris 94
   30 Otoño 96
   31 Oasis 98
   32 Cantares 99

33	Castilla	101
34	Gerineldos, el paje	104
35	Wagner	106
36	Figulinas	108
37	Copo de nieve	110

De *Apolo* (1911) 113

38	Beato Angélico (La Anunciación)	115
39	Leonardo da Vinci (La Gioconda)	116
40	El Greco (El caballero de la mano en el pecho)	118
41	Goya (Los fusilamientos de la Moncloa)	119

Otros poemas 121

42	Confetti	123
43	Abel	124
44	Nocturno madrileño	126
45	Cante hondo	128
46	Elogio de la solear	130
47	Soleares (selección)	131
48	Malagueñas	136
49	Alegrías (sevillanas, serranas, etc.)	138
50	Polos y cañas	141
51	Dice la guitarra	143
52	La guitarra habla	145
53	La saeta	146
54	Cualquiera canta un cantar	148
55	La fiesta nacional	150
56	Canto a Andalucía (1936)	153